AF231646

L'APPORT ÉTRANGER

EN INDOCHINE

par

J.-G. HÉRISSON

Ancien Administrateur des Services Civils de l'Indochine
Conseiller du Commerce Extérieur de la France
Directeur
de l'Office Agricole et Industriel d'Indochine

PARIS
LES PRESSES UNIVERSITAIRES DE FRANCE
1928

L'APPORT ÉTRANGER

EN INDOCHINE

par

J.-G. HÉRISSON

Ancien Administrateur des Services Civils de l'Indochine
Conseiller du Commerce Extérieur de la France
Directeur
de l'Office Agricole et Industriel d'Indochine

PARIS
LES PRESSES UNIVERSITAIRES DE FRANCE
1928

L'APPORT ÉTRANGER
EN INDOCHINE [1]

La mise en valeur rapide de l'Indochine apparaît aujourd'hui à tous les esprits avertis comme une impérieuse nécessité. De vastes programmes à entreprendre ont été dressés, mais il manque, pour les exécuter, trois facteurs essentiels : *des techniciens, des machines, des capitaux.*

Lorsque l'Europe a commencé à coloniser, le but des conquérants était de découvrir des trésors, ou de créer des comptoirs ou d'assurer des points d'appui indispensables à un impérialisme parfaitement légitime ou encore de conserver au delà des mers, en territoire national, le trop plein d'une émigration provenant d'un excès démographique.

A l'heure actuelle les principes nouveaux qu'on invoque pour justifier la colonisation reposent sur le postulat moral que la richesse mondiale constitue un patrimoine commun à tous les peuples et que nul pays ne saurait garder une colonie improductive.

Il est évident que dans la dépendance économique où les nations se trouvent maintenant les unes à l'égard des autres, la production des matières premières nécessaires à la vie mondiale ne peut plus être laissée entièrement en dehors des obligations morales des pays civilisés.

Quoi qu'il en soit, l'évolution économique de la Colonie conditionne le rang et le rôle politique que tiendront en Asie, l'Indochine et la France.

Mais réaliser les possibilités de développement et de prospérité qu'offrent les cinq parties de l'union : Cochinchine, Cambodge, Annam, Laos et Tonkin est une œuvre gigantesque.

L'Indochine s'étend sur 700.842 kilomètres carrés ; elle nourrit environ 20 millions d'habitants dont 15 millions d'Annamites. Les Européens qui y résident au nombre de 21.000 seulement (dont près de 9.000 en Cochinchine et

(1) *Article publié en Juin 1927 dans le Bulletin de la Société Belge d'Etudes et d'Expansion, Boul. d'Avroy, 5, Liège.*

8.400 au Tonkin) s'y trouvent en présence de 400.000 Chinois dont plus de 200.000 dans la seule Cochinchine, fixés définitivement dans la Colonie et détenant en Cochinchine environ 46.000 hectares de terrains pour une valeur de 22 millions de piastres. L'emprise chinoise au Cambodge est de 11.000 hectares, au Tonkin de 3.000 hectares, en Annam de 2.200 hectares.

La question des étrangers en Indochine, si l'on ne considérait que les apports actuels et les possibilités immédiates serait donc, avant tout, une question chinoise.

Pour des motifs bien connus, ce n'est pas l'élément étranger chinois qui peut apporter à l'Indochine des techniciens, un outillage moderne ou des capitaux. Nous ferons donc, pour cette raison, abstraction dans cette étude de l'élément chinois, parce qu'il lui manque essentiellement ce que nous désirons pour la colonie : une organisation industrielle moderne.

Les richesses naturelles de l'Indochine sont tellement variées, tellement importantes qu'il n'est pas une branche de l'industrie moderne qui ne puisse immédiatement trouver des applications fructueuses dans le pays.

La Forêt Indochinoise avec ses bois précieux et ses réserves immenses de bois de feu (24 millions d'hectares environ, soit à peu près le tiers de la superficie totale de l'Indochine) est une richesse spontanée dont l'inventaire complet n'est même pas encore dressé. Ses sous-produits, sticklac, benjoin, rotin, ses arbres à huile et à suif, ses résines, ses écorces à tan, ses possibilités de transformation en carburants liquides constituent un capital naturel d'une valeur inestimable qu'il serait avantageux d'exploiter avec méthode.

Les Mers Indochinoises et les Grands Lacs du Cambodge, le réseau fluvial si poissonneux de la Cochinchine font de la pêche côtière et fluviale une ressource naturelle dont il est difficile d'apprécier l'importance.

A ces richesses s'ajoutent les salines qu'on pourrait considérablement développer ainsi que la production de la soude. Les côtes indochinoises (2.500 kilomètres) offrent des ports, les uns remarquables comme Camranh et la baie d'Along, et d'autres parfaitement utilisables. Mais là, comme pour les pêcheries le matériel en usage est tout à fait primitif.

Le Sous-sol Indochinois, encore peu connu, contient certainement des richesses insoupçonnées : le charbon s'y trouve en gisements abondants au Tonkin : le zinc, l'étain, l'or, l'antimoine, le manganèse, le cuivre, le plomb, le fer ont été signalés en bien des endroits. Des carrières de grès sont assez abondantes au Cambodge. Là encore plus que la main-d'œuvre il faut amener des techniciens et des capitaux.

Les Produits Alimentaires, depuis le riz — qui fait de l'Indochine après la Birmanie le pays le plus fort exportateur de riz du monde entier — jusqu'aux féculents et aux fruits tropicaux, sont encore exploités d'une façon archaïque.

Les Produits Textiles et Filamenteux, la soie, le jute, la ramie, l'agave, les plantes à papier, les oléagineux ;

Enfin *les Produits Divers*, caoutchouc, tabac, poivre et sucre pourraient, avec des procédés modernes et un outillage adéquat donner des rendements très supérieurs à ceux qu'on obtient à l'heure actuelle.

Une politique prévoyante appellera à collaborer avec les Indochinois toutes les compétences, tous les moyens industriels, toutes les ressources financières que l'étranger peut apporter.

En présence de l'immensité de l'œuvre qu'il reste à exécuter et des bénéfices qu'elle promet, il serait profondément regrettable qu'un amour-propre national timoré ou trop étroit intervienne dans une question d'économie internationale de cette importance pour reculer indéfiniment l'exploitation rationnelle d'un pays dont les richesses sont incalculables. Les moyens dont dispose la France, encore que considérables, sont limités. Ce n'est pas en faisant appel à tous les concours pour une mise en valeur rapide de l'Indochine qu'on trahira les intérêts français : C'est en refusant de pratiquer une politique d'association réelle tant avec les indigènes qu'avec les pays intéressés comme le nôtre, à multiplier, pour la paix du monde, les

liens de dépendance et d'entr'aide qui peuvent naitre d'une '
collaboration économique.

C'est ce qu'ont compris les esprits les plus avertis en
matière coloniale, notamment M. Albert SARRAUT,
ancien Gouverneur Général de l'Indochine, ancien Mi-
nistre des Colonies, M. ARCHIMBAULT, Député, rap-
porteur du Budget des colonies, M. Maurice RONDET-
SAINT, Directeur de la Ligne Maritime et Coloniale
Française, etc... qui ont avec clairvoyance signalé maintes
fois l'intérêt que présenterait pour la France la collaboration en Indochine de capitaux franio-américains ou
franco-japonais.

Nous pensons qu'il convient en l'occurence de n'avoir
aucune préférence. Pour neutraliser l'influence que des
capitaux étrangers d'une même nationalité risqueraient
peut-être, à la longue, d'exercer dans le pays, il serait
politique d'encourager à venir en Indochine les capitaux
non pas de tel ou tel pays mais pour chaque catégorie
d'affaires le pays le plus apte à participer dans cet ordre
au développement économique de la colonie: Pour les
cultures tropicales l'expérience hollandaise; pour les entreprises industrielles l'efficiency américaine ne seraient
pas à dédaigner.

L'Indochine est entourée par les possessions de six
puissances dont certaines puissamment armées: l'Angle-
terre avec Singapor et Hongkong, les Etats-Unis avec les
Philippines, le Japon avec Formose sont trois voisins, trop
jaloux les uns des autres pour laisser aucun d'eux s'éta-
blir trop solidement en Indochine. La Hollande, le Siam
et la Chine ne peuvent pas davantage se désintéresser de
ses destinées.

Il nous paraitrait donc, à tous égards, profitable au développement économique de l'Indochine comme à la sûreté
de la souveraineté française, d'encourager, sans distinc-
tion de nationalité, l'admission des capitaux étrangers.

Si importants que soient les capitaux français, si nombreux que soient les techniciens et les machines françaises
qui viendront jamais en Asie, l'Indochine est trop éloignée
de la France, notre natalité est trop faible et l'Afrique trop

proche, pour que le courant créé dans la métropole vers l'Indochine soit assez puissant pour nous permettre de dédaigner des concours étrangers.

Il va de soi que la part réservée aux populations indigènes dans la mise en valeur de leur pays ne sera jamais trop grande. Il suffit qu'elle ne soit pas prohibitive ou trop restrictive à l'égard des Français et des Etrangers. Le présent peut d'ailleurs être une indication pour l'avenir: à l'heure actuelle, pour la seule Cochinchine, sur 565.577 hectares demandés en concession au 1er Mars 1927, 124.000 hectares seulement l'étaient par des Européens. Un communiqué officiel faisait dernièrement état de ces chiffres pour souligner que la différence en faveur de la colonisation annamite apparaitrait encore plus forte si l'on tenait compte des terres que l'Administration Locale a attribuées au titre de terrains communaux, aux villages.

Les Annamites doivent conserver dans la mise en valeur de l'Indochine la large prépondérance qu'ils ont eue déjà dans le passé. Il suffit du reste de marquer que la production totale de riz cochinchinois, où la part française est insignifiante, s'est élevée pour 1925-1926 à 1.900.000 tonnes et que les prévisions pour 1926-7192 atteignent 2.240.700 tonnes. (1)

O, cette production pourrait être plus que *doublée* par l'introduction et l'application d'une technique moderne, d'un outillage approprié, de capitaux nouveaux.

Le rendement indochinois à l'hectare est en effet à peine de 13 quintaux alors qu'en Italie on a obtnu des rendements de 40 quintaux à l'hectare.

La prospérité indochinoise est en effet avant tout agricole, mais elle peut, pour l'Annam et le Tonkin, être aussi industrielle.

Pour en hâter l'épanouissement, il faut d'abord des techniciens.

---

(1) *Par contre, la culture de l'hévéa qui occupe en Cochinchine 163.200 hectares et fournit déjà 8.500 tonnes par an est exclusivement due à des initiatives françaises.*

Des techniciens

Ce qui en effet manque actuellement le plus à l'Indochine, ce sont des cadres industriels, ingénieurs, financiers administrateurs, hommes d'affaires, etc... Il serait trop long de dresser la liste des compétences qui peuvent trouver à s'employer utilement en Indochine : la variété prodigieuse et si peu connue de ces climats ouvrent de larges avenues aux énergies viriles des jeuns générations.

Chacun sait qu'il n'existe pas d'affaires aujourd'hui dont la prospérité et les intérêts ne soient étroitement liés aux progrès scientifiques, aux perfectionnements de la technique qui peuvent faire rapporter du jour au lendemain deux piastres à ce qui n'en rapportait qu'une la veille.

Une production massive avec une dépense moindre n'est possible que grâce à une technique toujours améliorée.

La société actuelle étant basée sur la concurrence, et le champ des découvertes se confondant avec celui de l'industrie entière, un pays sans techniciens, sans chercheurs, sans laboratoires, ne peut pas se développer ; l'avenir lui échappe. C'est la science aujourd'hui qui protège le mieux la fortune et la liberté des peuples et des particuliers.

L'Indochine a besoin de techniciens, d'ingénieurs de laboratoires, d'Office de renseignements et d'exécution.

La salubrité grandissante des capitales indochinoises : Saïgon, Hanoï, Phnôm-Penh, Huê, l'accès devenu facile des grands plateaux du Langbian et de Dalat, du Bokor, de Chapa, où des altitudes de 1.000 mètres à 1.500 mètres permettent aux gens fatigués de reconstituer leur capital-santé en quelques mois sans quitter la colonie, le confort qu'on peut maintenant trouver en Indochine permettent d'y séjourner de longues années. Nombreux sont les Français qui s'y fixent définitivement, avec la volonté d'y faire souche et tout en restant Français d'esprit et de cœur, se proclament Indochinois.

L'Indochine, « sur le balcon du Pacifique » ne peut être une France d'Extrême-Orient, exercer un rayonnement intellectuel que si la vieille Europe et la jeune Amérique y envoient sous l'égide et la souveraineté de la France, elles aussi, des créateurs, des réalisateurs.

Des machines

Par la force des choses, ces hommes feront venir l'outillage le plus moderne. Ceux-là savent que se tenir au courant des nouvelles méthodes, des procédés les plus récents, des machines les plus avantageuses est de nos jours la plus sûre façon de sauvegarder la prospérité d'une affaire, d'une région, d'une industrie.

Ils inculqueront peu à peu de l'Indochine ce que les Américains appellent le goût de « l'efficiency ».

Car, d'une façon générale, la vie indochinoise marche trop « au ralenti ». Il convient d'en accélérer le rythme.

Alors qu'aux Etats-Unis, l'étranger qui débarque a vite l'impression d'être dans une société où tout est agencé pour faire vite, où tout est fait pour épargner votre peine et surtout votre temps. en Indochine, le temps, semble-t-il, tout au moins pour les neuf-dixièmes des habitants, le temps ne compte pas. Il ne compte pas pour l'Annamite et le Cambodgien dont les besoins sont encore faciles à satisfaire ; il ne compte pas pour le Chinois qui, bien que laborieux, est dressé à la patience par des siècles de servitude. Mais si le temps semble souvent gaspillé, c'est bien aussi :

Parce que le pays manquant de techniciens ne donne pas aux applications industrielles de la recherche scientifique la part qui devrait lui revenir ;

Parce que l'outillage économique du pays est inadéquat, insuffisant, trop peu moderne...

Mais par quel miracle faire venir en Indochine les techniciens qu'il faut, l'outillage qu'il conviendrait, si l'on ne dispose pas des capitaux nécessaires ?

Les Capitaux

Nous devons donc ouvrir l'Indochine aux capitaux étrangers.

Le Parlement français avait décidé pour les grands trusts pétroliers américains et anglais qui avaient obtenu des gisements en Algérie, au Maroc, à Madagascar que, dans tout groupe ainsi formé, les intérêts français devraient être représentés dans une proportion de 67 o/o.

Quand il s'agit de culture et de plantations, il nous semble désirable à tous égards que le gouvernement accorde des facilités plus grandes à tout groupe de bonne réputation, présentant les garanties nécessaires, et en règle avec les lois françaises.

L'effort financier fait pour la France en faveur de l'Indochine a été considérable : Il faut le compléter. A l'heure actuelle, pour faire vite et bien, il faut renoncer à la méthode des petits paquets et ne pas craindre de faire appel, sous certaines garanties, à la collaboration étrangère.

Le tort des Français a été trop souvent de créer de nombreuses sociétés à faible capital et par conséquent à moyens d'action très réduits. La preuve est faite qu'il vaudrait mieux user des procédés plus modernes de concentration et d'action en masse comme ont fait les Anglais et les Hollandais.

Pour faire face aux risques inhérents aux entreprises coloniales, il faut des sociétés puissantes. Toute action sporadique, intermittente est vouée à l'échec. Seuls des établissements importants, capables de grouper des sociétés ayant un capital répondant au programme arrêté, de rassembler un état-major de spécialistes et de techniciens, de contrôler effectivement l'exploitation des sociétés créées et de leur faire accorder dans les périodes difficiles un crédit suffisant sont en mesure de hâter réellement la mise en valeur de la colonie.

Le système monétaire indochinois qui ne facilite pas toujours le placement des capitaux français en Indochine, par suite des variations du taux de la piastre, n'est pas une entrave pour l'admission des capitaux étrangers. L'instabilité du taux de la piastre ne rend les combinaisons de crédit quelquefois malaisées que pour les capitalistes français. En retour, il ne faut pas d'ailleurs oublier que ceux qui dans le passé ont fait confiance aux entreprises indochinoises ont été largement récompensés. La plus-value acquise seulement par les actions de ces entreprises côtées à la Bourse de Paris a dépassé 175 o/o de la valeur au pair, non compris les remboursements de capitaux. A l'épreuve, les placements coloniaux se sont révélés infiniment plus stables que bien des placements continentaux.

Le Gouverneur Général de l'Indochine, M. Alexandre Varenne, s'en est rendu compte. Dans les Instructions relatives au régime-général des concessions de terrains ruraux en Indochine, qu'il adressait en Septembre 1926 aux Chefs d'Administration, il était dit notamment « l'Article 2 (du nouvel arrêté) renferme une disposition importante à mes yeux : celle qui règle l'admission du capital étranger en Indochine. Les raisons qui avaient motivé les mesures restrictives antérieures n'existent plus. Il reste les bénéfices qu'un pays qui s'ouvre à la grande colonisation, comme l'Indochine, doit nécessairement tirer de la venue d'un capital actif, entreprenant, très outillé au point de vue technique. La prospérité acquise par Java, celle qu'acquiert présentement Sumatra sont pour nous des exemples lumineux. Du point de vue politique, et pour des raisons que je n'ai pas à dire ici, elle ne l'est pas davantage. »

L'œuvre accomplie par la France en Indochine, et qui lui fait le plus grand honneur, doit maintenant, pour se consolider et se développer rapidement, faire appel à toutes les ressources de l'organisation industrielle moderne.

J.-G. HÉRISSON

Ancien Administrateur des Services Civils de l'Indochine
Conseiller du Commerce Extérieur de la France
Directeur
de l'Office Agricole et Industriel d'Indochine